CARA DE CRIMEN

CARA DE CRIMEN

William González Guevara

Esta obra ha obtenido el **VIII PREMIO ESPASAesPOESÍA,**
convocado por la editorial Espasa
y concedido por el siguiente jurado:

Luis Alberto de Cuenca
David Galán «Redry»
Alejandro Palomas
Ana Porto
Viviana Paletta

ESPASA ES POESÍA

ESPASAesPOESÍA

Espasa, sello editorial
de Editorial Planeta, S. A.

Primera edición: noviembre de 2025

Diseño de cubierta: Planeta Arte & Diseño

Preimpresión: MT Color & Diseño, S. L.

Depósito legal: 978-84-670-7926-5
ISBN: B. 18.348-2025

Espasa, en su deseo de mejorar sus publicaciones, agradecerá cualquier sugerencia que los lectores hagan al departamento editorial por correo electrónico: sugerencias@espasa.es

www.espasa.com
www.planetadelibros.com

Impreso en España/Printed in Spain
Impresión: Huertas, S. A.

Editorial Planeta, S. A.
Avda. Diagonal, 662-664
08034 Barcelona

A Ellieth y Jennifer González,
por sacarme adelante a pesar de la vida

Nota del autor

Los fragmentos en cursiva que acompañan a algunos poemas provienen de entrevistas inéditas realizadas a pandilleros y personas vinculadas al mundo retratado. Se transcriben sin más edición que la ortográfica mínima necesaria. Mi profundo agradecimiento a quienes, con generosidad y riesgo, compartieron sus historias.

La magnitud del territorio no es impresionante; representa apenas un 2 % de la superficie total de la América Latina. Esos 423.000 km² constituyen un área menor que la de España (505.000 km²) o la de Suecia (450.000 km²).

HÉCTOR PÉREZ BRIGNOLI, *Breve historia de Centroamérica*

I

DULCE CINTURA DE AMÉRICA

Declaro que mi amor a Centroamérica muere conmigo.

Francisco Morazán

Los centroamericanos no son Estados fallidos, son Estados tullidos.

Horacio Castellanos Moya

Centroamérica

Porción terrestre, enlace de América del Norte
y América del Sur. Fragmento áspero.
Un rasguño de tierra.
Lo invisible de lo invisible, nada.
Arañazo que no le duele a nadie.
La rodilla raspada de un extraño,
una herida encarnada en el abdomen.
La pobreza y sus átomos poblando
un aire que desprecia, contamina
las selvas tropicales.
Los hijos de la nulidad, los siempre ignorados,
los bailarines de la vacuidad.
Refugio rudo de violencia déspota.
Hogar para los débiles, aquí
los sueños no se cumplen ni cumpliéndose.
Centroamérica con su frente ensangrentada,
el pobre suda pena derretida.
En el pasado, pulcro suelo virgen.
En el presente, suelo denigrado.

Sombra de Chilamate

Hay una Centroamérica convulsa
de folklore y la masa de tortilla.
De pupusas de maíz y leche parmalat,
hundida en los museos de cenizas
aliente sufridora de bellezas.

Hay una Centroamérica callada
de himnos y cantinas pasajeras
de buñuelos y ruedas de chicagua.
Mujer religiosa de tonos claroscuros,
amante de las fieras más odiosas.

Hay una Centroamérica guerrera
esposa amasadora de tamales,
agricultora, ganadera y campesina.
Mujer piel de serpiente, huracán
silueta de una calle de arena movediza.

Hay una Centroamérica endeudada,
repleta de jaranas y facturas
que vive el día a día de presagios

y ya se ha acostumbrado a los derrumbes
con grandes decibelios catastróficos.

Hay una Centroamérica amorosa
de largas tradiciones oriundas
de barro ardiente y tumbas caolín
de casas que se caen a pedazos
de negrura que expele el Chilamate.

Hay una Centroamérica llorona,
dibuja versos roncos por el tiempo.
La Centroamérica sin premio,
espalda de vinagre, estrofa silenciada,
la fosa de los muertos sin vergüenza.

Ay, mi Centroamérica guerrera,
impía majestad crucificada.
Ay, madre dolorosa,
latido taciturno del migrante
¿a dónde fueron a parar tus vértebras,
mujer de tez sufriente?

Dios el día que creó Centroamérica

Te quedarás lo malo, hijo mío.
Cosechas perdurables crecerán en tu vientre,
árboles de catorce metros de podredumbre.
Los frutos engendrados admíralos, pues tienen
el sabor suficiente para sustentar ávidas
bocas llenas de hambre, sed, sequía.
¿Ves los carnosos pájaros? Son tuyos.
¿Ves las llanuras del fondo? Son tuyas.
¿Ves aquel cielo despejado? Es tuyo.
También es tuya la escopeta que mata al pájaro,
el cemento que cubre la llanura
haciendo que esta pierda su fulgor,
la tormenta que deteriora el cielo
activando el sentido lagrimal.
Te quedarás lo malo, hijo mío:
este poema y la voz que recita.

50 millones

Más de cincuenta millones de rostros
pueblan rincones de Centroamérica
algunos más desgraciados que otros
más rotos más decaídos morando
los márgenes de un abismo sin fin
aguarda cada rostro su parcela
estéril tierra no crecen los frutos
hay un lugar en el mundo habitado
por cincuenta millones de cadáveres
he visto con mis ojos cómo labran
cultivos con semillas que no crecen
he visto con mis ojos cómo secan
sus fétidos sobacos las tardes infernales
he visto cómo manejan las palas
rastrillos, la horca plana con destreza
he visto cómo cortan mangos verdes
los he visto cavar sus propias fosas
por temor a quedarse sin santa sepultura.

Postes eléctricos

En la costa marginal del Caribe
medio millón de almas no conocen la luz.
Los tendidos eléctricos caducan,
enclenques cables negros carcomidos.
Aquí, la turbia oscuridad, regenta
manglares, cocoteros y arrecifes.
El único destello de luz incandescente
es el que eyecta el sol antes de huir
en dirección contraria a los rebaños.
Hay quienes viven de la luz solar,
subsisten con las ráfagas
lumínicas de fósforo maldito.
Aquí, en el vórtice de los abismos,
no existen los poetas y las velas
apagan su pabilos, y los pobres
cierran sus ojos, decretan sus lutos
se duermen y agonizan como siempre
sin luz   sin casa   sin viento   sin son.

Hombres de maíz

Sembrado por negocio es hambre del hombre,
que fue hecho de maíz.
MIGUEL ÁNGEL ASTURIAS

Nos enseñaron a llorar muy tarde,
sostener la tortilla de maíz,
recolectar café en portentosas fincas,
partir con el machete mazorcas de cacao.
Nos dieron dos opciones: ríe o llora,
y aprendimos *el que se queja, pierde*.
Nos instruyeron en la falsa escuela
de la vida: ordeñar las vacas y cuidar
del ganado, revender agua fresca
en medio de semáforos caídos;
un dólar semanal es suficiente.
Dormimos en la sombra, alineados
al mercado oriental y la empresa textil,
que explota al más humilde de los nuestros.
Aprendimos a diferenciar los aguacates
–los verdes, los maduros, los podridos–
los verdes no se comen, los maduros
ya están listos, los podridos tiradlos.
Nuestros abuelos, antes de morir,

nos enseñaron léxico guaimí,
quekchí, misquito, cuna.
Bienvenidos al infierno centroamericano
sin limpieza, fijeza ni esplendores,
donde lenguas indígenas se extinguen
y alfabetos caducan sin retorno.

Salón de rechazados de América Central
[12°09'3" Norte y 86°16'6" Oeste]

A Giuseppe Turiello

A veces los escombros que dejé
aparecen inertes en el sueño
la casa de la infancia partida a la mitad
la luz de las luciérnagas
su agresivo aleteo durante el apagón
las placas de las camionetas rojas
el pitido del bus, la bullaranga
la voz del pandillero tuerto, pícaro
el mosquito que chupa sangre virgen
y termina escupiéndola en el aire

a veces los escombros que dejé
aparecen inertes en el sueño
como si nunca me hubiese marchado
como si a cada paso se borraran las huellas
y todo se alejara como un eco.

Me siento en un salón de rechazados,
me miro en el espejo del apátrida.
Un perro callejero sin comida,
la sarna que deambula con la mugre

pero todo se hace conocido
los huecos de las balas en el muro
la violencia, el terreno, la discordia
la sombra que me dice que soy *yo*.

Una palabra que le creí al enemigo

A Nicaragua

País mío, quisiera que existieras,
que miraran tu hombro deshuesado,
rejodido, muriéndose de hambre
que conozcas la democracia y no
la tibia llama de su sombra tórpida.
Yo sé que vos naciste herido. Sé
que conozco la pizca de violencia,
la mancha que te avala en tu sepulcro.
No tengas miedo, paisito mío,
a pesar del desprecio y las calamidades.
Ya apártate del lodazal, aléjate
de ese charco mugriento, enjaboná
tu consciencia con agua bendecida,
limpiá tu historia, paisito mío.
A las palabras cámbiale las tildes,
a los poemas róbale las sílabas,
déjate de excepciones y regímenes.
Pensá, pensá en el pobre y su aguinaldo,
en el relinche de sus potros adiestrados.
Vos, paisito mío, tenés que pensar bien.
No caigás en las palabras de tus enemigos.

II

BREVIARIO DE LA VIOLENCIA

Vivo en un país donde la bala sale
como un beso que te manda la muerte.
Luis Borja

Pusieron sus símbolos en las paredes de los barrios
y volvieron su nombre temido y respetado
a fuerza de machete, balas y barbarie.
Juan José M. D'Aubuisson

Machetazo

Un muerto atravesado en la garganta,
un niño ante mis ojos decaídos.
No sé su nombre ni su edad. No sé
si tiene hermanos, madre.
Tan joven, lo mataron. Lo mataron.
¿Su padre habrá sentido el machetazo
que atravesó su cuello?
Algunos dicen que los padres sienten
la muerte de sus hijos acercarse.
Díganme ustedes. ¿Quién? Repitan: ¿quién
les contará a sus padres el naufragio?
¿Quién será el atrevido capaz de levantar
el ríspido machete ensangrentado?
¿Existe algún valiente en esta vida
capaz de pronunciar: «Mataron a tu hijo»?
Los gritos a lo lejos ya se oyen,
presienten que su niño ha fallecido.
La lágrima rebota contra el suelo:
lo asesinaron, no. Lo asesinaron…

Cavilaciones

Con veintitantos empieza ya uno
a conocer el número de muertos
exactos de su vida. Me pregunto:
¿Cuántos murieron en los callejones?
¿A dónde huye el crimen?
¿Qué pensarán sus madres?

Yo, que porto un pedazo de mi eterna
juventud en la cabeza, pregunto:
¿a cuántos chavalitos les cerré
los ojos tras caer en la cuneta?
¿a cuántos chavalitos
vi cómo desprendían el último suspiro?

Conocí la violencia tan temprano
que no le tengo miedo.
Conozco el odio dilatado, cóncavo
aliento de la boca del infierno,
desesperanza incandescente, ocre.

Aquí los niños juegan con balas de verdad
y nadie está orgulloso. Nadie. Nadie.
Aquí las madres lloran asesinos
que sólo tienen diecisiete años.
Las tumbas son vendidas a un precio prematuro
por miedo a que se acaben las zanjas en el mundo.

Soy todos esos niños

Las penas de los niños no maduran
en sus ojos hay gotas de nostalgia.
«Los pobres morirán con la desdicha
clavada en sus encías», vociferó mi abuela.
Me veo en esos niños reflejado,
en el que huye de los pandilleros
–la violencia es un juego de tiranos
y hay quienes no nacimos para la tiranía–
en el que vende agua fría por la ciudad
y llora de alegría si hay pan sobre la mesa.
Son mi espejo, me reconozco en ellos.
Soy todos esos niños disecados
que cruzan las montañas más inciertas
que limpian sus encías de desdicha
que cubren sus infancias con promesas
que creen en los libros como antídoto.
Soy todos esos niños disecados
pendientes a los golpes de la vida.

Ciudad sin Dios

Si Dios viviera en la ciudad, decidme:
¿Cruzaría este inmenso callejón?
¿Pararía las balas de un milagro?
¿Habría tanteado con las maras?
¿Alzaría la antorcha de la ultraviolencia?

Si Dios viviera en la ciudad, decidme:
¿Inventaría nuevos mandamientos
para abolir la trata de personas,
la corrupción, el narcotráfico, el desempleo,
la inmigración, la cándida pobreza?

Si Dios viviera en la ciudad, decidme:
¿Cómo erradicaría la falta de lectura?
¿Dónde resguardaría a tantos muertos?
¿Cuántas violaciones se callaría?

Si Dios viviera en la ciudad, decidme:
¿Emigraría como un auténtico cobarde?
¿Seguiría teniendo algo de fe?
¿De qué le servirían estos versos?

Si Dios, tu Dios, viviera en la ciudad
como yo vivo aquí
sus manos sostendrían una Glock
serían incontables sus pecados

Si Dios, tu Dios, viviera en la ciudad
como yo vivo aquí

1420 años de cárcel

Es tarde ya y pronunciar tu nombre
me salpica la boca de sangre,
memoricé tu rostro, dediqué
salmos a los fantasmas cargados de perdón.
Leí la Biblia en todos los idiomas,
y en todos los idiomas fui maldito.
Maté. Violé. Sin importar el orden.
¿Qué culpa tengo yo de haber nacido
en un vientre descarnado?
¿Qué culpa tengo yo de haber mezclado
la sangre con el llanto?
Lo admito soy culpable. ¿Mi sentencia?
1420 años de cárcel.
No apelaré condenas en mi nombre,
ya lidio en mi cabeza con espectros.
Esos que a medianoche me taladran
los sueños con preguntas:
«Hablá, ¿por qué lo hiciste?».
Si supieran que vivo por sus voces,
galerías de muertos me acompañan.

Maras

El Salvador, 2015

A veces me pregunto
por qué los dioses fueron despiadados
por qué al caer la lluvia en la ciudad
los jóvenes confunden las balas con la brisa
por qué en la periferia marginal
recitan versos crueles y odas a la infamia
por qué optaron por esculpir tu nombre
en un trozo de mármol huérfano
por qué en tu suelo trece y dieciocho
son cifras demoníacas, malditas
por qué eres la nación de las lápidas
por qué la parca esconde sus garras
en tus calles, rincones y provincias
por qué hasta el mar es violento
y expulsa llamaradas olvidando las olas.

Ayer mataron a mi madre

–¿Cuánto es lo mínimo que has cobrado por matar?
–45 dólares, por mi primer encargo.
–¿Y lo máximo?
–10 mil, por matar a un político de una municipalidad.

Los hombres que mataron a mi madre
no saben de este odio que les tengo.
Maldigo la miseria que desprenden;
la Glock que sostenían entre manos
la bala disparada entrando al cráneo.

A dónde habrán huido estos cobardes,
a qué Dios rezarán por las mañanas.
Quiero encontrarlos, vernos frente a frente,
tomarme la venganza con mis manos,
ir en contra de Dios y sus principios.

Saltarme los pecados capitales,
cortar su piel en trozos tirársela a los perros
ver cómo se desangran lentamente
pidiéndome perdón entre sollozos,
dispararle a su alma siete veces

en nombre de mi madre
en nombre de mi madre
en nombre de mi madre

Las torres

en este barrio de cazuelas negras
Europa suena a terreno baldío
frontera calcinada
aquí recién nacidos se cuestionan
su propio nacimiento, se maldicen
los días y las horas, desde jóvenes
los crían con el duelo en el gaznate

en este barrio de cazuelas negras,
donde el carbón barato es oro puro
niños se amoldan al toque de queda
al uso de punzones oxidados
por miedo a los atracos matutinos,
aparecen mujeres desmembradas
flotando sobre el lago Xolotlán;
corpúsculos de agua dulce

en este barrio de cazuelas negras,
la Carretera Norte divide los contornos
dos bandas se disputan el terreno,
–el pacto religioso no acordado

la tregua no firmada por los dioses–
lo dictamina la Semana Santa;
el joven pandillero se transforma
en joven monaguillo nazareno

en este barrio de cazuelas negras,
con bandidos de doble oficio:
escolanos de culto mañanero
asesinos nocturnos ateístas,
las chozas de las gentes más humildes
reciben balaceras, las reyertas
fusilan las sonrisas de los niños
que juegan con pelotas por las calles

en este barrio de cazuelas negras,
las seis torres regadas por el barrio
señalan pulperías donde se vende droga;
las cucarachas son mascotas gráciles
sumideros decoran las cunetas
y las aceras, desde arriba, son
murales de crayola
sobre los que transitan carretones
tirados por caballos desnutridos

en este barrio de cazuelas negras,
de minas de carbón y leña mal cortada
cabe cualquier comienzo
de la literatura universal

en este barrio de cazuelas negras,
los padres nunca llevan a sus hijos
a conocer el hielo,
sí el pelotón de fusilamiento

Pandillera

[tras entrevistarla en la cárcel]

A la K'K

–¿Te arrepientes de los asesinatos que cometiste?
–Me arrepiento de no haber vengado la muerte de mi papá.
Por lo demás, sé que mi Diosito es misericordioso.

con once años empuñó un arma
a los doce empezó con las hechizas
a los trece cumplió con el ritual
–muñecas por navajas de resorte–
a los catorce se unió a la pandilla
a los quince mató sin miramientos
–treintaidós puñaladas en el cuello–
con dieciséis descuartizó a un contrario

con diecisiete portaba la Taurus
con dieciocho se enamoró de un narco
con diecinueve le llegaron bajas
–mataron a su padre de un balazo–

con veinte planeaba las venganzas
con veintidós la cárcel se convirtió en hogar

hoy cumple su condena de homicida
con cuarenta, sentado frente a ella,
me niega sus delitos
reniega de sus muertos
se aleja de sus crímenes perfectos
su cínica mirada me perfora

dice ser evangélica
le reza al querubín de su tatuaje
se ampara en *la palabra del Señor*
la lágrima en su rostro la inculpa

a pesar de su fe
a pesar de su Dios

Viejos pandilleros
[la historia de Los Sumi]

A M., K., I. y C.,
por confiarme su tétrico pasado

la pandilla de Los Sumi nació allá por el 98
época de hervideros de violencia
sus integrantes, jóvenes de quince y de catorce,
por ir en mal camino visitaron La Modelo,
la cárcel más temida del distrito.

El Ruso, mercenario conocido,
repasa su currículum bestial:
a un tipo le macheteé un brazo
(le llamaron el Manco de Lepanto)
desaparecí a un antinarcótico en Mulukukú
(lo tiró al río envuelto en sacos de cemento)
maté a más de cincuenta policías
(a uno le cortó la yugular)

a principios del dos mil, Los Sumi,
dominaban su bravo territorio
armaban pleitos semanales
con las pandillas de La Pedro, Las Torres
y los machitos sucios de Larreynaga

más tarde se centraron en crear armas hechizas
pistolas con tubos de hierro y resortes
morteros caseros de largo alcance
escopetas blindadas con trozos de metal
machetes afilados puntiagudos
punzones con cabezas de madera
bombas artesanales con pólvora negra

Los Sumi no tuvieron bajas nunca
anteponían dinero a trifulca
huyeron pronto del conflicto inválido
centraron su papel en la venta de drogas
sus nuevos enemigos; el antinarcotismo
camellos detenidos en redadas

Los Sumi encadenaron su vida a la indolencia
recuerdo que en mi infancia repartían
crack en bolsas pequeñas de aluminio
recuerdo aquellos gramos en la mesa
y mis ojos perplejos de inocencia

gozoso el paradero de Los Sumi,
sus miembros se fugaron lejos, nómadas
inventan nuevas vidas, soportan otros rostros
fatuos y mallugados por el tiempo

en barrios neoyorquinos sobreviven
aprenden lenguas férvidas, conviven
con pactos de silencio del pasado
tienen hijos, mascotas, perros, casa
y sobre sus consciencias
húmedas almas muertas
de cuerpos que sollozan

El Sumi que no llegó a serlo

A mi madre,
por el pan de la cultura

Yo estaba destinado a ser un Sumi
a matar gente, comerciar con droga
a recorrer las plazas de los parques
con bolsitas de crack en los bolsillos.
Yo estaba destinado a ser un Sumi
a deformar mi ansiosa juventud
a esconderme debajo de manjoles
con olor a rata muerta,
a hueso humano tierno y calcinado.
Yo estaba destinado a ser un Sumi
a beber el veneno de tiniebla
a rezar por la inmensidad maligna
a disparar al pájaro de vidrio
que da dulzura con su canto al mundo.
Yo estaba destinado a ser un Sumi
a convertirme en un bisnero ingrato
a taladrar la realidad del mísero,
ser partícipe de matanzas fúnebres.
Yo estaba destinado a ser un Sumi,
mi madre lo evitó vistiendo mi niñez

con libros, poemarios y novelas.
Yo estaba destinado a ser un Sumi,
mi madre lo evitó…

Gatilleros

Todo se aleja alrededor. Todo se hunde
en la huella que jamás tuvo pie.
JORGE GALÁN

la historia del silencio, la elección
creer en las palabras
apretar un gatillo
correr en vertical hacia la nada
no echar la vista atrás

llegar a casa, ver pistolas negras
reposar en gavetas amarillas
saber a ciencia cierta
que han sido disparadas
la sensación de auxilio

cerrar los ojos rápido
y que la mente incruste
profundos pensamientos negativos
perol de aceite hirviente
caldillo de infantes disecados

es noviembre
medianoche del mundo
caballo bruno trotador de sombras
ahuyenta con tu piel el desespero

es noviembre
medianoche del mundo
ya he vengado
la muerte de mi prójimo

es noviembre
medianoche del mundo
la sangre está pegada
al libro que releo
debería lavarme las manos

Lastre

A Ana

Ana, mejor amiga de mi madre,
fue violada por maras hondureñas.
Una partícula de fuego ondeó
por su vientre hasta dulcificarlo.
Un jirón de aspereza, un sabor ácido,
agridulce, compacto, débil flujo
de aquello que no está premeditado.
Limó su tristeza, le dio forma de risa
enterrando el busto oscuro de la lágrima.
Supo interpretar la doliente astilla
que se clavó en su pecho.
«Sacádmela, sacádmela», gritaba.

La ciudad es una gota de sangre

A Luis Borja, in memoriam

¿Han visto alguna vez ustedes, gotas
gotas de sangre negra coagulada?
Mi barrio es una gota de sangre,
la ciudad es una gota de sangre.
¿Han visto alguna vez ustedes, gotas
gotas de sangre púrpura en las venas?
Mi ciudad es un continente de sangre
con seis millones de lápidas grises
con seis millones de cruces cristianas
con seis millones de estatuas desangradas
con seis millones de madres llorando
al cuerpo de su hijo acribillado.
Las casas son de hormigón color sangre
las plantas tiran aromas de sangre
la límpida sonrisa de los niños
está manchada, manchada de sangre.
Dios llora por el día. Llora sangre.
Afuera escucho las sirenas con
su tosca melodía tono sangre,
un largo operativo policial
cubre con mantas treinta rostros jóvenes
los llaman pandilleros, bebedores de sangre.

Bala perdida

A mi yo de ayer

El fúlgido disparo suena lejos
la bala cae cerca
el niño horrorizado ya no teme
la realidad hostil en la que vive:
balaceras, pandillas, hurtos, muertes.
Le han partido la infancia,
la vida le ha quebrado su inocencia.
Sólo queda escribirlo y eso hago,
el miedo disminuye
si escribes lo que duele.

Biblioteca antiviolencia

en esta plaza rodeada de madroños
hay un perímetro invisible que
los jóvenes respetan sin pensarlo
la biblioteca se convierte en
escudo antiviolencia,
refugio de los nadies soñadores

en esta plaza rodeada de madroños
la lectura se impone al salvajismo
la melodía del Yigüirro suena
como si fuera un verso de esperanza
abriéndose camino en istmos de vileza

en esta plaza rodeada de madroños
hay un perímetro invisible que
protege de las balas a los niños
aleja su inocencia de pandillas
repele las desgracias tempraneras

en esta plaza de rocas filosas,
calles de barro frío
y mariposas negras
los libros salvan juventudes agrias,
alejan de vampíricas tinieblas
que solo reconducen a la muerte

Niños de la ira

Al pandillero que falleció ante mis ojos

aquel monstruoso niño yace muerto
vi cómo le explotaban la cabeza
muchacho de ojos grises, turbios nácares
no sé tu nombre
es 2007 y estoy ante tu cuerpo
tus manos frías agonizan rápido
se comban tus latidos, pulsaciones
ligeras, ladran perros en la esquina
y vos tratás de hablar, decirme algo
porque sé que en el fondo preferías
vivir tu juventud, y ahora no
ahora, polvo y aire, agonizas
frente a mí, yo que tengo siete años
te estoy viendo jodido, dando a luz
a un soturno poema que se rompe
quisiera, muchachito,
yo quisiera sacarme las pupilas
reventarme la parte del cerebro
donde guardo tus últimos suspiros,
que esto que te escribo fuera anécdota
y no tu muerte sádica

cristalizada en mi memoria frágil
a veces me pregunto qué buscabas
qué pútrida senda lóbrega seguías
con un andar tan puro
te veo agonizando, muchachito,
océano sangriento
fantasma mercenario
te enterrarán en la taberna célebre
del desengaño eterno, tu pandilla
te llora y yo te inmortalizo, hermano

Pandillero
[tras entrevistarlo en la cárcel]

A M. Aragón

–Si tuvieses a Dios delante de ti: ¿qué le dirías?
–Nada. Le escupiría a la cara por hijueputa.

Quiero escupir a Dios,
maldecir sus ausencias, reprocharle
las noches que recé en vano a su figura
yo nunca quise apuñalar a nadie
yo nunca quise asesinar a nadie
yo nunca quise cometer los crímenes.

Quiero escupir a Dios,
cederle mi delirio inconmovible
cortaría sus venas en cuadritos
haría que bebiera como vino
mi sangre envenenada por el odio
otra vez, quebraría sus costillas,
y si la sed le roza el labio izquierdo
le negaría el agua si pudiera.

Quiero escupir a Dios,
esa divinidad de rostro zángano
cabeza de laurel y voluntad extraña
prender a látigos su espalda hinchada
y, en posición fetal, humanizar su agudo
olfato rancio, reventar su cofre
de largas confesiones incumplidas,
verter sus dedos en aceite hirviendo
para que vocifere su alarido
virginal y profético.

Quiero escupir a Dios
gritarle que es culpable a pesar de…
gritarle que es culpable a pesar de…
gritarle que es culpable a pesar de…

Útero gangrenado

[R. decide abortar, tras ser violada por siete mareros]

Un feto en la cuneta, sin suspiros
sin corriente de sangre que transite
por la delicadeza de sus venas
un feto en la cuneta, sin parientes
y dueños que reclamen su apellido
un feto en la cuneta, sin latidos
no conocerá el ardor del cosmos
hedor putrefacto de las cloacas
sumidero fantasmal que le esperaba
no correrá por calles de su barrio
ni triturará la violencia con sus dientes
un feto en la cuneta, ennegrecido
las pérfidas hormigas lo carcomen
un feto en la cuneta, detenido
el tiempo entre sus párpados
renglón torcido de los dioses bárbaros
no conocerá los libros ni las armas
triste no conocer las páginas de un libro
castigo cruel desconocer las armas
en ellas se refleja la inmundicia humana

no se atará el cordón de sus zapatos
no se chimará la rodilla correteando
no aprenderá una lengua
no apreciará la tierra en la que duerme
no crecerá, no se convertirá
en un marero más
no violará a su propia madre, no

El salario del miedo

Hay quien cree que los asesinados sienten.
El alma, dicen, se aferra al cuerpo hasta que lo entierran.
ROBERTO VALENCIA

Si matar fuese (como dicen) un
desliz, una tarea fácil, nadie
dedicaría el tiempo al mal oficio.
No caigan en la trampa,
el asesino a sueldo
no cobra por el acto de matar,
ingresa su dinero por el miedo,
por el milisegundo de la bala
atravesando el cráneo de la víctima,
por la vigilia que llega después
envuelta entre fantasmas y tormentos,
por la maldita adrenalina, el aura
del instante oportuno: el dulce charco
de sangre que se forma y nadie lava,
la silueta del cuerpo repintado
indicando que ahí paró su música
un corazón humano.

No somos iguales y nunca lo seremos

Ojalá, poetas, como ustedes
yo pudiera cantar,
cantarle al verso firme
descifrar dicharacheras fórmulas
y ejemplares artificios
mirar para otro lado
exaltar el bello mundo

nunca puedo, lo intento
siempre caen sobre mí toneladas
de muertos y se amontonan
se agolpan en hileras
ante el candil plumífero
a esperar turno y mención

ojalá, poetas, como ustedes
yo pudiera cantarle a la alegría
y no al disparo que mató al niño
frente a mis ojos en 2007
y no a la amiga de mi madre
violada por las maras

y no al asesino de corazón helado
que entrevisté en la cárcel
para contarte lo que aquí te cuento
y no a la juventud consumida
por el crack y las armas hechizas
a la víctima y al victimario
al pandillero que pude haber sido

ojalá, poetas, como ustedes
yo pudiera cantarle a la belleza
y no al horrendo machetazo
ni a la historia de Los Sumis mercenarios
ni al inmigrante que se tragó el río

ojalá, poetas, como ustedes
yo pudiera remedar la tradición
del verso atravesado por el ángel
y encasillarme al lado de vosotros

ojalá, poetas, como ustedes
yo pudiera ser poeta
verdadero, de cuna
y no un mísero heredero de
pandillas y sicarios engendrados
en una Centroamérica haragana
teñida de maldad.

III

VIVIR PARA CONTARLO

Y Dios también estaba en exilio, migrando sin término;
viajaba montado en La Bestia y no había sufrido crucifixión
sino mutilación de piernas, brazos, mudo y cenizo todo Él
mientras caía en cruz desde lo alto de los cielos…

Balam Rodrigo

Juventudes flotantes

A los jóvenes que intentan cruzar Centroamérica
para llegar a EE.UU. y mueren en el intento

I

Podría ser un árbol que traslada
la corriente. Sin embargo, es un cuerpo.
Catorce años. Zigzaguea lento
su largo pelo rubio y delicado.
¿Cuál es tu nombre? ¿Cómo te llamás?
En su brazo derecho repintado
con lapicero negro un número confuso.
Dos cifras se han borrado. Las tinieblas
han engullido el día. Estamos muertos.

II

La flecha en la costilla del herido
desprendiendo sus ganas de vivir.
¿Están vivos los que ayer fallecieron
o, como sucedió ayer, son pasado?
Maldigo al que responda esta pregunta
sin ojos lacrimosos en su faz.
Maldigo al que distinga diferencias
entre los muertos de hoy, ayer, mañana.

Río Bravo

Se van con la marea entre los labios
aprendiendo a nadar desde la orilla
cogidos de una roca que resbala.
Brazada en alto, patada continua,
respiración intacta o desvaneces.
El destino es cruzar el Río Bravo,
sobre los hombros llevan a sus hijos.
Si aparece la muerte y hunde el sueño
mantenemos postura y respiramos.

¿Delirio americano? ¿Sueño inválido?
Cruzar Centroamérica, atravesar
Guatemala, enfrentar las turbulentas
vivencias: accidentes, violaciones,
sobornos de mafiosos y coyotes.

La vida del migrante se resume
en unos cuantos dólares perdidos,
un breve curso para aprender a nadar,
un billete infinito de desgracias.
Nacidos para morir en un río,
la corriente desfigura los cuerpos.

Travesía mortal

La madrugada cae con su piel de zompopo,
los grillos cantan himnos mortuorios,
el monte aguza su verdor de hiel
y espinas afiladas lo decoran.
La corriente del río relaja su galope,
y el migrante se hace camino al alba:
pisada firme y *ojo al cristo, hermano*.
El que cruza sonríe mientras ve
a un joven negro chapotear de lejos,
el agua suena provocando ruidos
–nadie intenta ayudarlo–.
Tienen exactamente tres minutos
para cruzar el río sin error,
perder el equilibrio significa la muerte.
Si a Dios le diera por vaciar el río,
encontraría un caldo de cadáveres:
bebés y adultos de distintas razas.

Y cuando el tiempo quiera en un futuro
desinfectar las aguas, fumigar las orillas
los próximos bañistas confundirán la arena

con cenizas de niños inmigrantes.
Y sobre el suelo rodarán los huesos,
y yacerán plegarias mudas,
y sonarán trompetas de sangre
y, al fondo, voces, voces jovencitas
intentando cruzar al otro lado.

Un joven le escribe a su novia tras cruzar la frontera de EE.UU.

I

Te llegarán mis besos
por tierra, mar o aire
granice, llueve o truene

te llegarán mis besos
y exhausta no sabrás
la forma de acogerlos
en tus discretas manos
marmóreas de virgen

te llegarán mis besos
habrán cruzado océanos
nadado con delfines,
pero tenles paciencia
si te llegan heridos

te llegarán mis besos,
aunque no sé, amor mío,
si te llegarán vivos
si te llegarán muertos

te llegarán mis besos
cargados de entusiasmo
sedientos de nostalgia
heridos o no heridos
amor, te llegarán

II

Ya no diré tu nombre
decirlo es humillarme

ya no diré tu nombre
seré una mariposa
renunciando a su vuelo
a su piel de gusano

ya no diré tu nombre
no significas nada
incluso esta nada
–la de este poema–
más que tú significa

ya no diré tu nombre
perderás la importancia
como la pierde el tiempo
envejeciendo rápido

ya no diré tu nombre
aunque escribirte esto
implique estar diciéndolo
ahora sin decirlo.

Canto errante

El cantor va por todo el mundo
sonriente o meditabundo.
Rubén Darío

Un pájaro en el pecho
me dice que no cante
que aprenda del silencio
a hablar, morir callado

un pájaro en el pecho
me dice que no cante
que aplaste mis delirios
que olvide mis pasiones

un pájaro en el pecho
me dice que no cante
Momoto Cejiazul
Quetzal malhumorado

Dime, ¿por qué confundes
mi llanto acalorado
con una melodía?
No canto, lloro. Lloro.

Nombrar la esperanza

Una voz vibrante, llena de literatura y de sensibilidad es lo que el lector percibe desde las primeras páginas de *Cara de crimen*, de mi querido y admirado William González. El libro se alza como un canto de denuncia que desgarra la realidad centroamericana y revela la violencia que permea los suelos de Nicaragua y sus migraciones ocultas. El jurado del Premio Espasa lo definió como «un libro estilísticamente maduro y formalmente notable, que dibuja un canto de denuncia, testimonio fidedigno de la violencia en Centroamérica», y destacó que González «sigue la estela de los grandes maestros nicaragüenses del pasado».

Esa mención del jurado no es sólo elogio formal, sino reconocimiento de una continuidad entre generaciones poéticas del país: el joven poeta hace suyo el legado de Darío –el universal nicaragüense–, de José Coronel Urtecho, de Pablo Antonio Cuadra, de Joaquín Pasos. Con Rubén Darío la conexión va más allá: González declara que su infancia estaba salpicada por los versos memorables que recitaba su abuela y que, sin saberlo entonces, esos ecos darianos marcaron su pulso poético. Con razón Juan Ramón llamó a Rubén Darío «el príncipe de las letras castellanas». Sin Darío no habría existido la poesía moderna en español, y en esa tradición se inserta William González. T. S. Eliot desentrañó que la literatura es *simultaneous order*, y esto se comprueba maravillosamente en la obra poética de González, donde la literatura del pasado y del presente conviven al mismo tiempo en una especie de «constelación» viva. Sus poemas cambian la forma en que leemos y comprendemos esas obras pasadas.

Cara de crimen no se lee: se escucha por dentro. Desde el primer poema supe que estaba entrando en una geografía que no era sólo física, sino también emocional. Es un libro que te agarra por el pecho y no te suelta. La violencia no aparece como noticia, sino como herida abierta: tiene cuerpo, tiene rostro, tiene infancia.

La sensación predominante es la de vértigo. Uno avanza por los poemas como por un callejón en penumbra, donde cada palabra puede ser una piedra o una flor. Hay versos que golpean como disparos; otros, que acarician como una voz familiar. El dolor está, pero nunca se regodea en la queja. Es un dolor que transforma, que da sentido.

He sentido también la belleza. Porque la poesía, aun cuando habla del crimen, de la sangre, del exilio, puede seguir siendo un acto de belleza. Aquí hay imágenes fulgurantes, metáforas que se quedan flotando, un ritmo que no imita: late.

Y, al cerrar el libro, queda una mezcla extraña: indignación, ternura, deseo de justicia, ganas de llorar, y sobre todo, el asombro de haber sido tocado por una voz que no finge ni adorna, que dice lo que hay que decir. *Cara de crimen* no es un libro para mirar desde fuera. Es un libro que se vive desde dentro.

Y es imprescindible subrayar su compromiso con la libertad y la democracia en Nicaragua. William González ha sido vetado por la dictadura nicaragüense tras publicar *Me duele respirar*, pues su voz es incómoda para el poder. Para él, la poesía no es un ornamento: es un arma para ejercer presión y mantener viva la memoria de la libertad.

Desde esta obra, William hace que la poesía interpele al lector, lo sacuda, le revele que el silencio es cómplice. Este libro, este poeta, esta voz son un puente que une pasado y presente, memoria y aspiración, y nos desafía: si la poesía puede nombrar el crimen, puede también convocar la esperanza. Poesía de la buena: *Cara de crimen.*

Emilio del Río

Índice

II

Breviario de la violencia

III
Vivir para contarlo

William González Guevara

(Nicaragua, 2000) es poeta, periodista cultural y filólogo hispánico. Reveló para *ABC Cultural* un fraude literario de falsificaciones de manuscritos de Rubén Darío en universidades norteamericanas que hizo rectificar a Harvard y Arizona State University.

Ha publicado *Los nadies* (Hiperión, 2022 - XXV Premio de Poesía Joven Antonio Carvajal), *Me duele respirar* (Valparaíso, 2023 - IV Premio de Poesía Hispanoamericana Francisco Ruiz Udiel), *Inmigrantes de segunda* (Hiperión, 2023 - XXXVIII Premio de Poesía Hiperión) y *Esta será mi venganza* (Hiperión, 2024). Le fue concedido el Premio Talento Joven de la Comunidad de Madrid 2023 en la categoría de Tolerancia, por su compromiso poético. Sus poemas han sido traducidos al inglés, francés, georgiano, griego e italiano.

Forbes lo ha destacado entre las «30 Promesas de Centroamérica 2025», por su trabajo en defensa de la memoria, la migración y la inclusión social desde la escritura y por su joven faceta de periodista cultural.

Migration Series, Panel No.1, (1940-41), Jacob Lawrence (The Phillips Collection, Washington, USA) © Jacob Lawrence, VEGAP, Barcelona, 2025 Fotografía : © Bridgeman Images / ACI